RAPPORT

*Fait en l'Assemblée de MM. LES COM-
MISSAIRES de la majorité des Sections
de Paris, sur l'affaire de Tabago, réunis
à l'invitation de celle de la Bibliothèque.*

MESSIEURS,

L'examen scrupuleux que nous avons fait de
l'affaire de Tabago, la lecture des mémoires des
sreurs Bosque, Guys & Greslier, & des pièces jus-
tificatives que nous avons consultées avec soin ;
enfin l'arrêté de la Section de la bibliothèque,
auquel nous avons donné la plus sérieuse atten-

A

tion, nous ont conduits à une conviction doulou-
reuse de tout ce que nos frères de Tabago ont eu
à souffrir de la hardiesse & des entreprises de
l'Officier à qui le Roi a confié le commaudement
de cette ile.

Il en résulte que nos Colonies renferment
des villes dont les remparts ne sont pas encore
ornés du pavillon de la liberté, & des citoyens
accablés sous le sceptre du despotisme. Là, le
sentiment de cette sainte liberté est transformé
en délit, que des agens cruels osent punir par des
jugemens diffamatoires. Là, sous le glaive du despotisme, les élans vers la mère - patrie sont dès
titres de proscription.

L'ile de Tabago nous présente le spectacle dé-
chirant de plusieurs victimes de ces abus d'autorité arbitraire : d'un Commandant pour qui rien
n'est sacré, & qui, méprisant toutes les loix, se
joue impunément de la patrie, des citoyens & de
tous les droits de l'humanité ; ose imposer un si-
lence absolu à toute réclamation, en annonçant
que ne devant compte qu'au Roi, tout doit flé-
chir sous sa volonté suprême. Cet homme su-
perbe, il faut vous le nommer, est le sieur Jobal,
commandant en l'absence du sieur Dillon, gouverneur.

Quelques citoyens échappés à ces persécutions
sont revenus en France. Ils ont apperçu le terme

de leurs maux, & conçu l'espoir d'une justice qui leur est due.

Nous avons vu dans la conduite de ce Commandant, avant la révolution, le despote caractérisé ; & depuis la révolution, l'égoïste forcené, le tyran du citoyen, l'ennemi de la Nation & du Roi, l'homme coupable de délits graves, de crimes de lèse-nation, commis par cet agent subalterne envers la liberté que nous avons tous juré de maintenir, envers les droits de l'homme, en oubliant même les saints devoirs de l'humanité ; & ces crimes, il n'a pas rougi de les commettre sous l'auguste nom du Monarque restaurateur de la France, en empruntant le masque de la loi, & en souillant d'une main hardie la balance de la justice.

Nous nous hâtons, Messieurs, de vous dévoiler cet homme audacieux, & de vous présenter le tableau rapide de ses attentats. Nous insistons à vous observer que chacun des faits est appuyé de preuves authentiques.

Quoique Tabago soit devenue colonie françoise, elle devoit cependant être régie par les loix angloises jusqu'à nouvel ordre.

Le sieur Jobal n'a signalé son existence publique dans cette île, que par l'arbitraire le plus absolu : tout à la fois commandant, vice-roi, ma-

[4]

giftrat fuprême dans certains tribunaux , il n'a
connu d'autres loix que fa volonté.

Un fieur Ruthie achète de la toile d'une négreffe chargée de la vente de cette marchandife.
La maîtreffe prétend que la négreffe a vendu au
deffous du prix qu'elle a ordonné. Elle s'adreffe
au fieur Jobal, qui, fans vouloir entendre le fieur
Ruthie, le fait mettre en prifon chargé de fers.
Le fieur Lefevre, folliciteur général de l'île, & le
fieur Bofque, avocat, invoquent en faveur de Ruthie la loi d'*habeas corpus*, & leur zèle, comme
défenfeurs de l'opprimé, eft puni de l'emprifon-
nement de leurs perfonnes.

Une fucceffion eft fpoliée. Le bruit public ac-
cufe un fieur Couturier du Haton., & un autre
complice, d'être les coupables du vol. Le fieur
Lefevre, en fa qualité de folliciteur général , fait
affigner un témoin nommé Fouquet pour être entendu fur ce fait.

Couturier intrigue auprès du Commandant, qui
convoque un tribunal dit *cour de commiffion*. Les
fonctions de cette cour fe bornent à la liquidation
des dettes des habitans de la colonie envers les
étrangers. Dans ce tribunal incompétent, & dont
l'accufé Couturier eft membre, le fieur Jobal
mande le témoin Fouquet. L'a, fans l'entendre, il
le fait condamner comme calomniateur ; il dé-
charge le coupable, qui n'a fourni aucune preuve

de son innocence, & ordonne l'impression & af-fiche, aux frais de Fouquet, de cet arrêt inique & infâmant.

Fouquet reclame la protection des loix, & re-quiert l'appui & le ministère de l'avocat Bosque. Mais le commandant, qui veut seul être obéi, dé-fend à l'avocat d'appeler de ce jugement, *n'ayant pas pris ses ordres* ; enjoint à Fouquet de se taire, devant s'estimer heureux de la douceur de ce ju-gement, & invite les jurés à ne pas recevoir la plainte de Fouquet. Ainsi, par un ordre arbitraire, toutes les loix sont muettes, & le cours de la jus-tice, la fortune & l'honneur des citoyens, sont au gré du sieur Jobal, qui s'empare de tous les pou-voirs.

Les gouverneurs des colonies ne doivent s'im-miscer dans aucune affaire, contentieuse, civile ni criminelle; mais le sieur Jobal veut être seul exer-çant l'autorité. Vient-il à sa connoissance qu'un citoyen ait quelque différend pour obligation ou débet, le commandant, sans aucune explication, or-donne de payer, fait capturer & garder prison, menace avant l'échéance du payement qu'il sera inéxorable, & fait exécuter ses ordres arbi-traires par la Maréchaussée, qu'il charge ainsi de ses lettres-de-cachet.

Il craint qu'une pièce de comptabilité, qui se trouve dans les mains d'un sieur de St.-Léger, tréforier de la colonie, ne contienne la preuve d'un abus de fon autorité. Le tréforier, qui est en même-tems interprête, est mandé infidieufement fous ce dernier titre. Le Commandant lui ordonne la remife de cette pièce dans fes mains. Le Tréforier obferve qu'il ne peut s'en deffaifir fans enfeindre fes devoirs, comme chargé des finances du Roi. Le fieur Jobal l'infulte ; le Tréforier fe retire, & à peine rentré, le Commandant arrive avec des fufilliers, fait chercher dans toute fa maifon, le fait fouiller dans fes poches, & lui enlève la pièce à main armée.

Un fieur Lyon, habitant de Tabago, poffédoit depuis 1787 un terrein qui lui avoit été concédé dans les formes requifes. En 1789, un fieur Carminus de Vita achète le terrein limitrophe que poffédoit un Sr. de Jorna, parent du Sr. Jobal.

Il s'élève conteftation entre les deux voifins, & il s'agit de favorifer le nouvel acquéreur. Pour le faire avec fuccès, il ne faut pas attendre que les Tribunaux légaux prononcent. Le Commandant rétablit alors dans fes fonctions un arpenteur flétri par deux jugemens pour crime de faux. L'Officier dévoué au fieur Jobal enlève 44 âcres de terre plantée en coton, au fieur Lyon, pour les donner au fieur Carminus de Vita. Cet abus d'autorité l'entraîne bientôt dans un autre. Le fieur Bofque, avocat, prend la défenfe du Sr. Lyon,

Le Commandant, irrité des proteſtations que cet Avocat a fait faire à ſon client, le mande chez lui par un Exempt de Maréchauſſée. Il s'étoit établi *ſeul* en cour de Gouvernement, & avoit inſtitué un Greffier. Le ſieur Boſque arrive, & ſans vouloir l'entendre, on lui lit un jugement qui l'interdit de ſes fonctions pour ſix mois. L'avocat Boſque proteſte inutilement, tant d'incompé-tence du tribunal, que du refus qu'il a éprouvé d'être entendu. Il reçoit ordre de ſortir, avec menaces.

Peu de tems après, la cour de Chancellerie ſiégeant, l'avocat Boſque ſe préſente. Le ſieur Jobal, prenant le titre de chancelier, défend à Boſque de parler, & inſulte publiquement à ſa conduite. Vainement M. l'Ordonnateur & le Pro-cureur-général du Roi, fidèles aux devoirs de leur miniſtère, réclament au nom du Roi la connoiſ-ſance des motifs de cette interdiction. Vainement alors le ſieur Boſque demande une enquête de ſes vie & mœurs, qui eſt appuyée par les Officiers. Le Commandant donne le ſcandale de ſes ani-moſités contre l'Ordonnateur & le Procureur-général, défend à Boſque d'exercer, ſous peine d'être chaſſé de l'île comme rebelle à ſes ordres ; & donne pour toute réponſe, aux Officiers pu-blics : *Je ne dois compte qu'au Roi.*

Nous ne pouvons nous diſpenſer d'ajouter ce

dernier trait. Sept familles indiennes de Caraïbes rouges, avoient embrassé le christianisme, & obtenu à titre de concession un terrein inculte, à la parroisse Saint-Louis de Man-of-Way-Bay, à Tabago, en 1784. Ils avoient défriché ces terres & bâti leurs demeures de leurs mains. Paisibles possesseurs d'un terrein que la nature leur avoit donné, dans la possession duquel ils avoient été confirmés par le sieur Jobal lui-même ; ils avoient existé sous la protection de la Loi & du Gouvernement jusqu'en 1789.

Le même Carminus de Vita dont nous venons de parler, prétend qu'ils occupent le terrein qu'il avoit acheté du parent du Commandant. Eh bien! hommes, femmes, enfans, toute la peuplade est dépossédée & chassée : on ne leur permet pas même d'enlever les vivres qu'ils ont plantés de leurs mains, ni leurs cases. Ces infortunés, dépouillés, sans asyle, mourant de faim, vont implorer le secours du sieur Bosque. Il ne peut exercer en leur faveur le plus respectable minis-tère, le droit de prendre la défense d'un oppri-mé. Il adresse LOUIS RADIGUOIS, chef de ces sept familles, à un de ses confrères : mais l'inter-diction illégale de Bosque a tiédi les cœurs, & la crainte de l'animadversion du despote étouffe le zèle ; le sieur Bosque prend cependant sur lui d'écrire au Commandant contre un abus aussi ré-

voltant. Il ne fait aucune réponſe , & ces malheureux n'ont que la foible reſſource de faire
conſtater par un Juge de paix la remiſe de cette
lettre & leurs proteſtations. Bientôt ils s'éloi-
gnent de Tabago , pour aller chercher leur exiſ-
tence ſur un autre ſol. Le ciel les réſerve pour
donner un grand exemple d'hoſpitalité & de re-
connoiſſance.

Juſqu'à préſent, Meſſieurs , vous ne connoiſſez
le ſieur Jobal que par des actes arbitraires, des
abus de tous les pouvoirs , des dénis de juſtice ,
des violations des loix & du droit des gens. Il
nous reſte à vous le faire connoître comme coupable de délits nationaux.

Des nouvelles indirectes apprennent à Tabago
l'heureuſe révolution qui s'eſt opérée dans la
mère-patrie : le cri de la *liberté* a retenti dans
l'île. Ce n'eſt point par la voix des miniſtres ;
ils avoient intérêt de retarder la proclamation
de la nouvelle loi. Auſſi-tot tous les bons citoyens de Tabago ſe reconnoiſſent, ſe réuniſſent.
L'avocat Boſque , déjà victime du Commandant,
eſt honoré de la confiance de ſes concitoyens ; il
eſt chargé de convoquer une aſſemblée patriotique. Il ſe rend à la demande de ſes frères, &
cette aſſemblée ſe forme ſous les auſpices de la
nouvelle loi, pour ſe livrer à la joie que leur
cauſe le bonheur de la patrie. Après l'élection

d'un fieur Greflier pour préfident, d'un fieur Guys pour vice-préfident, & du fieur Bofque pour fecrétaire, les premiers actes de cette affemblée patriotique, font l'expreffion de leur reconnoiffance pour l'augufte Affemblée nationale, & une foufcription pour faire une bourfe qu'ils veulent offrir aux veuves & enfans des citoyens de Paris, qui ont fcellé de leur fang l'heureufe révolution.

Ils invitent les Adminiftrateurs à fe rendre à cette affemblée, & ils arrêtent qu'il ne fera rien innové dans l'île. Ils prononcent l'augufte ferment de mourir, comme leurs frères de la mère-patrie, pour le maintien de la Conftitution ; & jurent d'être fidèles à la Nation, à la Loi & au Roi. Mais le defpotifme a laiffé de profondes craintes dans les cœurs ; & défirant mettre leur conduite à l'abri de tout foupçon, ils déclarent que dans le cas où les Adminiftrateurs de l'île défapprouveroient cette affemblée, elle fe féparera. Ils leurs notifient en conféquence, par plufieurs députations, cette conduite édifiante. La cocarde nationale eft arborée, le drapeau de la liberté fe déploie, & le civifme connu du fieur Bofque lui mérite l'honneur de le voir flotter à fa porte.

Ici, Meffieurs, la fcène change. Le Commandant, dans un conciliabule, croit devoir prendre des mesures pour empêcher la propagation de la liberté. L'Assemblée patriotique est une assemblée de factieux qui veulent mettre l'île en désordre. Il craint que le sceptre du despotisme soit enfin brisé dans ses mains : il tremble que la loi ne vienne rivaliser son pouvoir ; & chaque patriote est une victime qu'il veut sacrifier à sa haine.

Mais pour y parvenir, il faut employer des moyens sûrs, & c'est par la perfidie & les manœuvres les plus odieuses qu'il réussit à exécuter l'abominable projet de se venger. Il prend d'abord le masque du patriotisme ; il adopte la cocarde nationale, & paroît accueillir ou revenir sur le compte des citoyens que leurs frères ont élevés en dignité dans l'Assemblée patriotique. Il insinue qu'il faut une assemblée générale des habitans de l'île, & la convoque. Sans doute il espéroit y commander les suffrages. Cette assemblée générale se forme ; elle approuve tout ce qu'a fait l'assemblée patriotique ; & le premier dignitaire, le sieur Greflier, président, est confirmé par une nouvelle élection. C'est alors que le ressentiment du sieur Jobal ne connoît plus de frein. Bientôt les moyens de vengeance se préparent. Il ne voit dans chaque patriote qu'un ennemi juré, & il suscite des accusateurs contr'eux. Quelques soldats du bataillon de la Guadeloupe avoient prêté le même serment que les patriotes, dans leur assemblée. Les officiers font faire à ces soldats des dépositions illégales, dans leurs casernes. A la faveur de ces pièces fabriquées dans l'ombre du mistère, les jours de plusieurs citoyens sont menacés : ils sont obligés de fuir, & ils sollicitent du gouverneur la permission de s'embarquer ; ils en reçoivent même des lettres de recommandation. Les sieurs Greslier, Guys & Bosque s'embarquent pour la Martinique ; mais à peine leur vaisseau a-t-il levé l'ancre, sous le pavillon national, qu'il est chassé par une goëlette angloise, montée par des soldats du bataillon de la Guadeloupe. Cette goëlette arbore pavillon anglois & l'assure d'un coup de mousquet : elle va à l'abordage ; les personnes qui la montent sautent, le sabre à la main, sur le bâtiment, s'en saisissent & le ramènent à Tabago. Les Srs. Greslier & Guys descendent à terre ; mais le sieur Bosque est arrêté par des soldats, jetté, chargé de fers dans un cachot, couché sur la dure, & privé de tout secours : le sieur Guys est tenu en chartre-privée pendant onze jours, au pain & à l'eau, également sans décret. On fabrique un procès inique contre eux & le sieur Greslier. Le sieur Jobal convoque une cour d'*oyer* & *terminer*, & consomme sa perfidie par un arrêt fondé sur des dépositions illégales & subornées. Le sieur Bosque est accusé : de quels crimes! le croi-

rez-vous, Messieurs ? *d'avoir convoqué l'assemblée patriotique ; d'avoir proposé de faire une
bourse pour les veuves & enfans des citoyens
morts pour le salut de la patrie ; d'avoir proposé
une souscription pour faire un drapeau national
& avoir des cocardes ; d'avoir reçu le serment de
plusieurs soldats dans l'assemblée , comme se-
crétaire ,* & d'autres prétendus faits de même es-
pèce , transformés en délits. Ce tribunal inique ,
composé de membres dévoués au commandant,
& DONT PLUSIEURS AVOIENT DÉPOSÉ COMME
TÉMOINS , prononce enfin un jugement par lequel « il condamne le sieur Bosque à six mois
» d'emprisonnement , & à être exposé à la fin de
» ce terme au carcan , depuis midi jusqu'à une
» heure ; à moins qu'après avoir gardé prison pen-
» dant six semaines , il ne fasse sa soumission sous
» serment , devant deux Juges de paix , qu'il con-
» sent à partir de l'île , pour n'y rentrer jamais ».

Le sieur Bosque , détenu aux fers , sa maison
pillée , ses nègres vendus à très-bas prix , son
mobilier, ses effets & sa propriété envahis, est obligé
d'accepter , au bout de six semaines , la condition
du jugement. Il sort de prison : on lui ordonne
de partir sur le champ, Vainement il représente
qu'il n'a rien , qu'il va périr de misère DANS
L'ISLE DÉSERTE où on l'envoie. On lui donne
pour compagnon de voyage un *assassin Anglois,*

& le vaisseau qui les transporte les dépose à la pointe de Cumana. Là, errant pendant quelques tems, le ciel lui présente quelques-uns des Indiens Caraïbes qu'il avoit défendus à Tabago; il trouve les soins de la reconnoissance. Oh! qu'ils sont hommes, ces Caraïbes, plus près de la nature que nous! & quel contraste entre leur hospitalité & la férocité du sieur Jobal! Enfin ils veulent rendre le sieur Bosque à sa patrie, &, sans autre secours que leur zèle, ils le transportent, sur un malheureux esquif, après quarante-huit heures de lutte contre les flots & la mort; à la pointe de la Trinité Espagnole. Tel est le soin que le ciel a pris du sieur Bosque, pour le ramener en France.

A l'égard des sieurs Grellier, président, & Guys, vice-président de l'assemblée patriotique de Tabago; le même arrêt les condamne à payer chacun une amende infâmante.

Ainsi l'honneur, la propriété, la vie des citoyens, leur liberté, sont sacrifiés à la haine d'un commandant atroce, qui ne voit dans leur patriotisme que la cause de la Nation entière, contre laquelle il ne peut se venger. Vous nous dispenserez de vous présenter le tableau des circonstances: déja vous connoissez l'énormité des crimes que nous vous dénonçons. Il est impossible de se dissimuler l'insulte faite à la Nation dans la perſonne des citoyens patriotes, la haine du ſieur Jobal contre la patrie, & de méconnoître en lui un des plus cruels ennemis de la révolution & de la conſtitution. Vous avez déja reconnu, Meſſienrs, que, même ſous l'ancienne loi, le ſieur Jobal eût été condamné comme tyran ; ſa conduite, ſous la nouvelle loi. n'eſt qu'un tiſſu de perfidies & de crimes de lèſe-nation. Vos cœurs ſont indignés, & il eſt tems. que la loi prononce une vengeance éclatante, que nous penſons devoir être provoquée de la juſtice de l'auguſte Aſſemblée nationale.

Nous eſtimons donc, qu'en dénonçant le ſieur Jobal comme criminel de lèſe-nation & coupable des abus d'autorité les plus révoltans, vous devez demander un décret ſolemnel, un nouveau monument de la ſageſſe de l'Aſſemblée nationale, qui ordonne que le Roi ſera prié d'envoyer un officier pour remplacer le ſieur Jobal à Tabago, lequel ſera rappelé en France, en tel état qu'il plaira à l'Aſſemblée de l'ordonner, pour y ſubir l'arrêt prononcé par la loi, & par 'lorgane de tel tribunal qui ſera déſigné.

Et à l'égard des citoyens victimes de ce deſpote, que vous devez ſupplier la juſtice de l'auguſte Aſſemblée de prendre en conſidération particulière leurs réclamations, & pour obtenir la juſte réparation des torts qu'ils ont éprouvés

par le jugement tortionnaire de la cour d'*oyer*
& terminer, & la réintégrande dans leurs propriété, honneur & liberté; les renvoyer devant
tel tribunal qui leur fera auffi défigné.

Signé DESVIEUX, Commiffaire de la Section
des Poftes, Rapporteur.

Ouï ledit rapport, & vérification faite des
pièces juftificatives, les Commiffaires de la majorité des Sections de la ville de Paris, en vertu
des mandats de leurs commettans, auxquels ils
ont rendu compte refpectivement en leur affemblée, ont arrêté qu'il fera fait une pétition ou
adreffe à l'Affemblée nationale, tendante à dé-
noncer le fieur Jobal, commandant à Tabago,
comme coupable de délits de lèfe-nation, commis dans la perfonne des citoyens de ladite île.

Fait à l'affemblée tenue à l'hôtel de Richeiieu,
au comité de la Section de la Bibliothèque, le
29 décembre 1790.

Signés D'AUXON, préfident; MEUNIER DES-
CLOSEAUX, commiffaire de la Section de l'Ar-
fenal, fecrétaire.

De l'Imprimerie de PELLIER, rue des Prouvaires, n° 61.